Ma machine à idées

Illustrations
Sampar

Directrice de la collection
Denise Gaouette

MAXI Rat de bibliothèque

Catalogage avant publication de Bibliothèque et Archives nationales
du Québec et Bibliothèque et Archives Canada

Simard, Danielle
    Ma machine à idées (MAXI Rat de bibliothèque ; 6)
    Pour enfants de 7 à 9 ans.

    ISBN 978-2-7613-2395-6

    I. Sampar. II. Titre.
    III. Collection : MAXI Rat de bibliothèque (Saint-Laurent, Québec).

PS8587.I287M3 2007   jC843'.54   C2007-941104-5
PS9587.I287M3 2007

Éditrice : Johanne Tremblay
Réviseure linguistique : Nicole Côté
Directrice artistique : Hélène Cousineau
Conception graphique et édition électronique : Isabel Lafleur

ÉDITIONS DU RENOUVEAU PÉDAGOGIQUE INC.

5757, RUE CYPIHOT, SAINT-LAURENT (QUÉBEC) H4S 1R3
TÉLÉPHONE : (514) 334-2690   TÉLÉCOPIEUR : (514) 334-4720
erpidlm@erpi.com   w w w . e r p i . c o m

Dépôt légal — Bibliothèque et Archives nationales du Québec, 2007
Dépôt légal — Bibliothèque et Archives Canada, 2007

Imprimé au Canada   1234567890 HLN 0987
ISBN 978-2-7613-2395-6   11602 ABCD   C016

La séquence des événements

les problèmes les solutions

des petites
jambes

l'achat
d'une auto

les adultes
au pouvoir

une maman
en congé

Chapitre 1
Des petites jambes

Trop, c'est trop! J'en ai assez de traîner mon gros sac à dos plein de livres. J'en ai assez de faire des millions de pas pour retourner à la maison. J'en ai assez d'avoir des petites jambes d'enfant.

Le chemin est beaucoup plus long quand on a des petites jambes. C'est vrai. Je fais beaucoup plus de pas que les adultes. Ils me dépassent à toute vitesse avec leurs grandes jambes. Sans parler des personnes qui roulent en auto !

Mais ça me laisse plus de temps pour réfléchir…

... Et ce ne sont pas les idées de génie qui me manquent. J'ai dans ma tête une vraie machine à idées. Une machine qui avale toutes les questions et qui résout vite tous les problèmes.

Aujourd'hui, j'ai LA bonne question à lui poser :
— Machine à idées, pourquoi les enfants n'ont-ils pas d'autos ?

Les enfants ont besoin d'une auto autant que les adultes. Tous les vendeurs d'autos cherchent sans cesse des acheteurs. Alors pourquoi les enfants n'ont-ils pas d'autos ?

C'est peut-être parce que les enfants ont les jambes trop courtes. Leurs pieds ne peuvent pas toucher les pédales.

Voilà un bien petit problème. Ma machine à idées va vite trouver une solution. Pour elle, ce n'est jamais bien long.

Et si on fabriquait des autos pour les enfants ? Pas des jouets ! De vraies automobiles !

Waou ! Je me vois déjà au volant de ma petite voiture. Je me faufile fièrement entre les super grosses bagnoles des adultes. Mon idée est tout simplement géniale.

Puis, soudain, je pense à ma mère. Oh! Elle ne voudra jamais m'acheter une auto. Pour mon anniversaire, elle n'a pas voulu m'acheter le robot qui danse et qui fait des rots. Mais pas du tout!

— C'est trop cher, m'a dit maman.

Pourtant, un robot coûte beaucoup moins cher qu'une auto. Même s'il danse et fait des rots.

Voilà un assez gros problème. Mais peu importe ! Pour ma machine à idées, trouver une solution, ce n'est jamais bien long.

Chapitre 2
Des gros salaires

Ma solution est toute simple. Il ne faut pas seulement fabriquer des autos pour les enfants. Il faut aussi leur donner un salaire. Ils pourront s'acheter une auto et les choses qu'ils désirent le plus au monde.

Les enfants travaillent à l'école. Ils méritent donc un *vrai* salaire.

Hum ! Mais à qui les enfants vont-ils demander un *vrai* salaire ?

Les adultes ont décidé que le travail scolaire des enfants n'est pas un *vrai* travail. Les adultes diront que les enfants ne peuvent pas avoir un *vrai* salaire.

Voilà un autre problème pour ma machine à idées. Elle va sûrement trouver le moyen d'arranger ça.

Ma solution est toute simple. Il faut transformer les écoles en milieu de travail. J'imagine déjà les élèves en train de faire la file au centre d'emploi. Quelle bousculade ! Ils sont très pressés d'avoir un *vrai* travail d'adulte.

Les élèves écrivent des textes. Pourquoi n'écriraient-ils pas de *vrais* livres ? Après tout, ce sont les enfants qui savent le mieux ce qui plaît aux enfants. Ils deviendraient les meilleurs auteurs de livres pour enfants du monde entier. *Waou !*

Séance de signatures

Les élèves sont très gourmands. Pourquoi ne cuisineraient-ils pas de *vrais* repas ? Ce serait génial d'avoir des chefs et des marmitons spécialisés dans la gastronomie pour enfants. Là aussi les enfants connaissent mieux que les adultes les goûts des enfants. Ils pourraient diffuser toutes leurs recettes dans le monde entier. *Wawaou !*

Les élèves aiment beaucoup faire des pirouettes, du trapèze volant et des acrobaties. Pourquoi ne pas métamorphoser le gymnase en un cirque étourdissant ? Les spectacles s'enchaîneraient, jour et nuit, pour petits et grands. *Wawawaou !*

Les élèves sont fous de musique. Pourquoi ne pas monter un *vrai* spectacle éblouissant ? Marion joue du violon. Michel joue du violoncelle. Annie joue de la batterie. Léo joue du piano. Simone joue du saxophone. Je joue de l'harmonica. Et tous mes autres amis chantent et dansent. *Yahaou !*

À ce rythme, nous n'aurons pas assez de tirelires. Je vois déjà les banquiers faire la queue pour nous offrir de déposer notre argent dans leurs banques. *Youhoua!*

Chapitre 3
À moi le monde !

Imagine tout ce que je pourrais acheter avec mon gros salaire ! J'aurais une petite décapotable. J'aurais aussi un robot qui danse et fait des rots. Et pourquoi pas un hélicoptère, un voilier, une maison…

J'aurais bien sûr une gigantesque maison. Je la partagerais avec ma mère et mon grand frère. J'aurais mes manèges géants, mes glissades d'eau, mon zoo et toutes sortes d'inventions farfelues.

Emportée par mon rêve, je dis :

— J'ai hâte !

— Moi aussi ! s'écrie **Monsieur PIZZA** qui me dépasse avec ses grandes jambes. Cet homme continue son chemin en riant.

Les adultes oublient trop souvent de prendre les enfants au sérieux. Ils ne prendront jamais mon idée géniale au sérieux.

Sans l'aide des adultes, je ne peux rien faire. Ce sont les adultes qui décident de tout.

Les adultes seront contre mon projet d'enfant. Ma mère sera même la première à rouspéter. À moins que ma machine trouve les mots pour la convaincre…

Je sais ! Je vais dire à ma mère :
— Maman, j'ai décidé de faire un *vrai* travail. Je vais apprendre la grammaire en écrivant de *vrais* livres. Je vais apprendre les mathématiques en comptant de *vrais* dollars. Je vais apprendre la géographie en visitant de *vrais* pays. Et tout, et tout !

Ma mère aimera ça, j'en suis sûre. Mais c'est le gouvernement qui fait les lois. Pas maman !

Si le premier ministre était un enfant, il trouverait mon idée fantastique. Merci, merci, machine à idées ! C'est la solution.

Un enfant doit gagner les prochaines élections. Un enfant génial comme… comme moi ! Je suis la candidate idéale. Après tout, c'est mon idée. *Waou !* Maintenant, je sais quoi faire.

Je me vois déjà à la tête du pays. Je vais réaliser tous mes grands projets. *Oups !* Mais qui va voter pour moi ? Les enfants n'ont pas le droit de vote.

Voilà un autre gros problème. Cette fois, je ne cherche pas la solution, car j'arrive à la maison.

C'est toujours comme ça. Quand je marche, je rêve. J'ai un tas d'idées géniales. Mais dès que je mets les pieds dans l'escalier, mes rêves s'envolent en fumée.

J'ai hâte de me blottir dans les coussins du salon et de jouer à mon jeu électronique favori. Maman doit être en train de préparer le souper. Est-ce que ce sera un pâté chinois ? un macaroni ? des choux farcis ?

Chapitre 4

Une maman en congé

J'ouvre la porte en coup de vent.
— Bonjour, maman. Qu'est-ce qu'on mange ?

Je renifle de tout mon petit nez. Je renifle et renifle encore. Mais ça ne sent rien du tout.

J'entre dans le salon. Oh! Maman est blottie dans mes coussins. Elle joue avec mon jeu électronique. Je ne peux m'empêcher de dire :

— C'est mon jeu! C'est ma place!

— Moi aussi, j'ai envie de m'amuser, dit maman en souriant.

Maman ajoute calmement :

— Je suis épuisée. J'ai aidé des clients toute la journée. Je suis allée au garage et au supermarché. Puis j'ai fait le lavage et passé l'aspirateur. Maintenant, je n'ai plus le courage de préparer le riz chinois. J'ai décidé de prendre congé.

Voilà un assez gros problème. Ma machine à idées est sûrement capable d'arranger ça. Pour elle, trouver une solution…

Et puis non, assez rêvé ! J'ai faim. Je ferme ma machine à idées.

Vite, je vais dans la cuisine. Je sors le riz, le poulet et quelques légumes. Mais…, moi, je ne sais pas comment préparer du riz chinois.

Je soupire très fort. C'est fou tout ce qui me reste à apprendre !

Empêtrée dans mon grand tablier, je cours au salon.

— Maman, viens m'aider ! À deux, on va bien s'amuser.

— Quelle idée de génie, Lya ! s'exclame maman.

Finie la vie rêvée ! Vive la vraie vie !
Waou ! Je viens d'avoir ma meilleure
idée de la journée… et sans l'aide de
ma machine à idées.

Table des matières

Lya veut transformer les écoles
en milieu de travail.
Elle propose quatre métiers ou professions
que les élèves peuvent exercer à l'école
pour gagner de l'argent.
Trouve les quatre erreurs
dans la liste ci-dessous.

1 premier ministre ou première ministre

2 musicien ou musicienne

3 vendeur d'autos ou vendeuse d'autos

4 cuisinier ou cuisinière

5 banquier ou banquière

6 auteur ou auteure

7 acrobate

8 livreur de pizza ou livreuse de pizza

Voici des phrases
de l'histoire **Ma machine à idées**.
Ces phrases contiennent
des mots qui riment.

1 Marion joue du violon.

2 Michel joue du violoncelle.

3 Annie joue de la batterie.

4 Léo joue du piano.

5 Simone joue du saxophone.

6 Lya joue de l'harmonica.

Choisis des noms
d'instruments de musique
et compose des phrases
avec les prénoms de tes amis.
Utilise des mots qui riment.

**Illustre tes phrases
de façon amusante.**

Au travail !

Lya rêve de travailler
comme une adulte.

Fais une recherche
sur les métiers et les professions.

• Choisis un secteur d'activités.

EXEMPLES

l'automobile, le cirque, la littérature,
la cuisine, la musique, la politique

• Consulte des livres ou Internet
pour connaître les métiers
et les professions
reliés au secteur d'activités
que tu as choisi.

EXEMPLE

La littérature : auteure, illustrateur, graphiste,
imprimeur, libraire, poète

Présente le résultat
de ta recherche
à tes parents.

Séance de signatures

Une maison gigantesque

Lya rêve d'avoir
une maison gigantesque.
Dans sa maison, il y aurait
des manèges géants,
des glissades d'eau, un zoo
et toutes sortes
d'inventions farfelues.

Fais le plan de la maison
de tes rêves.

• Décide du nombre de pièces,
du mobilier, de la décoration
et de l'aménagement extérieur.

• Utilise des dessins, des photos,
des découpages de revues,
de dépliants publicitaires
ou de catalogues.

Présente ton plan à tes amis.

Petites charades

Écris sur une feuille
ou dans un cahier.

Mon premier est la quatrième lettre de l'alphabet.

Mon deuxième est la onzième lettre de l'alphabet.

Mon troisième recouvre les os.

Mon quatrième est un meuble de cuisine.

Mon tout est une chose que Lya veut acheter avec son gros salaire.

Mon premier est la première syllabe du mot **argent**.

Mon deuxième est une partie de la phrase.

Mon troisième est la maison de l'oiseau.

Mon quatrième est la onzième lettre de l'alphabet.

Mon tout est l'instrument de musique joué par Lya.